BILLETE DE IDA

PILAR GONZÁLEZ MORENO

Billete de Ida
Pilar González Moreno

Diseño de la cubierta: Equipo de diseño de Universo de Letras
Imagen de cubierta: © Marta González

Obra publicada por el sello Universo de Letras
www.universodeletras.com

Primera edición: 2026

ISBN: 9791388008160
ISBN eBook: 9791388009785

A mi madre, in memoriam.

A mi hijo Nuno.

A todos los que me quieren.

1

«Llegó con tres heridas:
la del amor,
la de la muerte,
la de la vida».

MIGUEL HERNÁNDEZ

2

Billete de ida

Nuestra madre se muere. Delira y murmura que es una bailarina a la conquista de las tribus amazónicas con su arte. Hoy se pasea feliz y viejita con su tucán al hombro por las calles de Copacabana.

Me cuelgo del «spotifai»: *Tarde en Itapoa* (Vinicius de Moraes), *Frenar enero* (Vanesa Martín) y *Extraños en la noche* versionada por El Pescaílla, pero no hay consuelo.

Me dijeron «eres joven, lo tienes todo» y me lo tomé al pie de la letra. Abandoné aquella oficina siniestra, con un gerente tan gris y desvaído como el traje que vestía; un mecanógrafo cargado de hijos y fijador en el pelo; un poeta con aires aristocráticos venido a menos y un limpiador, siempre borracho, con su palillo mondadientes por toda compañía.

A veces aparecía un personaje extraño y desconfiado del mundo y de sí mismo. El caso es que guardaba los billetes muy bien dobladitos a lo largo de un cinturón con cremallera con el que se sujetaba los pantalones. Ese cinturón, que intuyo no se quitaba ni para dormir, era como un cajero de banco de lo más práctico, en el que no necesitas meter ninguna tarjeta y mucho menos tu clave secreta. La justicia le perseguía por una estafa piramidal.

Estábamos a punto de abrazar la democracia y en algunos garitos se bebía absenta y se fumaban porros.

Dudo si decirle a mi madre que mi primera experiencia sexual fue con un amigo gay, tan feo como amoroso. Me hizo el favor.

3

Resultado: ni fu, ni fa. Luego vendría la libertad con otros rostros y otras pieles.

Y cuento todo esto porque mi madre se muere y no hay consuelo. Hay secretos que nunca se revelan a los progenitores. Ellos también guardan los suyos bajo siete llaves.

Así que opto por alegrarle el día. ¿Te acuerdas de aquella función escolar en la que, vestida de faralaes naranja chillón, no di pie con bola y me hice pis en el escenario? Yo pequeñita y regordeta y mi pareja de baile escuálida, asesinando las sevillanas.

Los tiempos locos de la movida madrileña se acabaron pronto para mí con un destino laboral en América Latina y una neumonía en toda regla. Un mulato burlón venía a casa a pincharme el antibiótico. En los tiempos muertos, tan muertos como largos, me inflaba a ver telenovelas brasileñas.

Y llegó la desgracia: aquel amigo del alma fue secuestrado y descuartizado; sus restos flotaron en la bahía de Guanabara cuando Río ardía en el fuego de los carnavales.

Hoy me pide que veamos sus pañuelos de cuello. Este es horroroso, y este es el del pecado. Le gusta imaginar, con razón o sin ella, que nuestro padre se lo regaló tras un viaje de trabajo con la mala conciencia de haber hecho lo que no tocaba.

4

Tenía su carácter especial, pero era un hombre bueno, y con eso me quedo, y era guapo, guapísimo. Claro que sí madre, le respondo.

Para entretenerla le hablo del señor Costa.

5

El señor Costa

El señor Costa frecuentaba los cafés de la Baixa lisboeta con su aire de extraperlista y su pañuelo de seda al cuello. Corrían los años ochenta del siglo XX y me lo cruzaba todas las mañanas camino del trabajo. Una ligera inclinación de cabeza a modo de saludo, y así hasta la mañana siguiente.

Tenía un pasado oscuro y una amiga francesa dueña de un local de alterne, de nombre «*Rien de Rien*», en honor a la cantante Édith Piaf.

La madame abría su establecimiento a mediodía para dar de comer solo a los amigos. Luego, por la noche, era otra cosa. Se servían copas, aparecían personajes marginales presos de la época que les había tocado vivir y corrían las historias.

Y allí estaba el señor Costa, como escapado del filme *Casablanca*, personaje que pudo ser de esta inmensa y nostálgica película, que me venía a la memoria cada vez que me topaba con nuestro protagonista en una de las mesitas de aquel establecimiento pequeño y oscuro, que hoy ya no existe.

Fuera de esta niebla cinematográfica, la biografía del señor Costa era algo más que cuestionable. Se decía que se empeñó como contrabandista de piedras preciosas en África y paseó sus miserias por aquel continente como hombre de paja de un empresario belga.

Le atraían los travestis y, para disimular, coqueteaba con todas las mujeres de un modo un tanto empalagoso y servicial.

6

Confesaba sin pudor que no se hablaba con su mujer, prácticamente desde el día de la boda. Los fines de semana, para no coincidir con ella, se iba al cine, a la sesión doble de la tarde y a la nocturna.

Le gustaba repetir frases míticas de las películas que veía. «Si me necesitas, silba», tal cual, a lo Humphrey Bogart.

El contrabando lo tenía metido en la sangre como un veneno. A su oficina llegaban cajas de tabaco que luego revendía; nadie sabía a quién ni dónde.

Muchos años después de que el señor Costa desapareciera de mi vista, en un programa televisivo de desaparecidos, tan en boga por aquella época, salió su imagen y su nombre. Le buscaba su mujer. ¿Para qué?

—Era una tonta —sentencia mi madre, y se ríe de su propia afirmación.

En sus ratos menos malos nos entretenemos con las cartas de sus enamorados, que aún guarda. De alguno se acuerda y comenta que era un pesado.

También me habla de mi amiga de la infancia, Lamari, siempre subida al granado. Luego se ennovió con un torero de cierta fama y se quedó hecha polvo cuando la abandonó por una folclórica de medio pelo.

A mi madre le gustan esas historias, así que me animo y me invento otro relato. ¿Pero eso es verdad? ¡Claro, mamá!

7

Apago casi todas las luces para darle mayor misterio a la siguiente narración y arrancarle de paso una sonrisa.

8

Olor a sardinas

Aquel guardia nocturno lo tenía muy claro. Se subía a la planta noble a retozar en el sillón presidencial con la limpiadora. Acabado el festín sexual, sacaba un hornillo y en el cuarto trastero asaba unas sardinas.

Por las mañanas venía a recogerle su señora, pechugona, simpática y pintada como una puerta. Él se la comía a besos, con la boca a sabor de las noches pasadas de sardina y sexo.

Un día se vino arriba. Alquiló una habitación con derecho a cuarto de baño en un hostal cercano al trabajo para hacer el amor y, cómo no, se llevó también el hornillo.

El primer acto lo consumó, pero antes de proceder al cocinado, resolvió darse un baño, bien caliente. La policía le encontró muerto dentro de la bañera. Un infarto, dijeron. ¿O fueron los atracones de sexo y sardinas?

Hay días más duros para ella y los que estamos con ella. A veces llora. Qué difícil resulta morirse.

Vuelvo al ataque para animarla. ¿Sabes quién es Jane Fonda?

—¡Cómo me haces esa pregunta! ¿Crees que estoy tonta? —responde.

9

Jane Fonda

En el trabajo, a Carmen la llamaban «la Jane Fonda», por su parecido con la actriz y su envidiable tipo. Pero a nuestra «Fonda» le interesaba guardar la compostura y acudía a trabajar con camisas de lazo, como las que luciría más tarde y sin descanso la primera ministra británica Margaret Thatcher.

Su empeño: espantar a moscones poco imaginativos, incapaces de adivinar siquiera los vientos de su vida.

Al calor de las copas de vino y envuelta en las volutas de sus puritos, fantaseaba con tener una relación lésbica con una única mujer en concreto. Con nombre y apellidos. La tenía al alcance de la mano, pero prefería esperar. «No es el momento», decía; «mejor mantenerse en el terreno de lo onírico».

Y se reía al recordar aquella vez que siguió a un pastor portugués tras su rebaño y acabó en su cabaña. Luego se hacía la misteriosa al añadir que «el resto nos lo podíamos inventar porque todavía no le había puesto punto final».

Hija de una prostituta de lujo y educada en un colegio de monjas de la Castilla profunda, visitaba todos los sábados la tumba de su madre con tres cervezas: dos para ella y una tercera para su progenitora, que dejaba intacta.

En sus peroratas junto a la tumba, le echaba la bronca por aquel colegio de monjas, pero le perdonaba que solo al final de sus días hubiera sido capaz de confesarle cuál había sido su verdadero medio de vida.

10

En el libro de familia aparece una foto pequeñita, en blanco y negro, con una mujer espectacular, Margarita García Liébana, junto a su única hija, nuestra «Jane Fonda», todavía en ciernes, flacucha y poco atractiva. El padre figuraba inscrito como «desconocido».

Con «la Jane Fonda» recorrí los garitos más tirados de aquel Madrid postfranquista, en el que la policía política se mezclaba con la gente de mal vivir, algún que otro despistado, muchos borrachos y los que estábamos siempre fuera de lugar.

«Una mujer muerta, su hijo y un perro tejen una dramática historia en Madrid», y así, uno a uno, iba recortando los titulares de *El Caso*.

También coleccionaba esquelas, preferiblemente las del *ABC*, en las que el finado o finada tuviera título nobiliario, apellidos compuestos, múltiples hijos bautizados como Alonso, Jaime o Rodrigo, casados a su vez con apellidos ilustres.

«Décimo aniversario de Don Federico Bracamonte, marqués de Bracamonte, falleció cristianamente en Salamanca el día 11 de septiembre de 1984, habiendo recibido los Santos Sacramentos y la bendición apostólica de su Santidad. D. E. P. Margarita García Liébana ruega una oración por su alma».

—¡Mi madre y sus santos cojones! ¿Abrimos otro vino?

11

Octavia o tal vez Luisa

De nuevo con mi madre volvemos a compartir recuerdos. Érase una vez una tía lejana nacida a finales del siglo XIX. No nos acordamos a ciencia cierta de su nombre: Octavia, o tal vez Luisa.

La menor de cinco hermanas, la última en desposarse. En la sobremesa, los señores se retiraban al salón a fumar y debatir de política. Ellas, al saloncito, a bordar y hablar de todo y de nada.

Algunas tardes se animan y dejan entrever lo que pasa por las noches en sus respectivas alcobas. Las más locuaces sazonan el relato con algún detalle subido de tono.

Pasan infinitas sobremesas hasta que Octavia/Luisa, con sus dieciséis recién cumplidos, se entere de que sus noches no son ni por asomo parecidas.

Un susurro al oído, un «que tengas dulces sueños» y un «hasta mañana, princesa mía», pero no hay roce alguno. Le invade lentamente la melancolía. Sus ojos, grandes y brillantes, se tornan dos cuencos oscuros. Languidece y su pequeña figura se hace fina y transparente.

A Octavia/Luisa se le olvida comer. Antes de cumplir los veinte años, abandona este mundo.

12

La tata Lucía

—Y de Lucía la portuguesa ¿qué me dices?

Tenía también dieciséis años cuando llegó a casa de los abuelos a trabajar. La esperaron en la estación del tren; llevaba una naranja en la mano para que la pudieran identificar.

La sacaron del pueblo y le buscaron empleo en Madrid porque la vieron con un mocito. Para tapar la deshonra y acallar maledicencias, la enviaron a trabajar a la capital.

Metro y medio, pilla y regordeta. Se sentaba con nosotros a ver la tele en su taburete preferido; no quería saber nada de sofás ni de esos inventos modernos. Cuando se quedaba dormida en aquel taburete suyo, la cabeza iba inclinándose lentamente hasta tocar sus pies y luego rodaba como una pelota por el suelo. Y en esto, el hombre llegó a la Luna, pero ella consideró que todo aquello era una gran mentira.

El gran drama vino cuando cogió unos hongos extraños de los que no decía ni palabra. La pobre mujer lloró en el ginecólogo. Nunca en su vida se había desnudado, ni siquiera ante ella misma. Murió virgen a los ochenta y ocho años.

En su testamento nos dejó a los hermanos sus ahorrillos de la libreta, a partes iguales, y toda la colección de vírgenes y santos que cubrían las paredes de su dormitorio, alumbrados por velitas eléctricas, y a los que rezaba más por miedo que por devoción. Nunca se sabe qué puede pasar allí arriba en el cielo.

13

Amanece un día triste y mi madre a veces llora, por lo bajito, como aquella mujer en el aeropuerto londinense de Heathrow, esperando su vuelo de vuelta a España.

Viene de renunciar al bebé que concibió en el pecado o en la gloria del momento, sin querer o queriendo, pero sin ver otra salida que interrumpir su embarazo.

El avión es tan cutre que cuando la azafata empieza a explicar cómo abrocharse el cinturón de seguridad, algunos de los pasajeros se ponen a gritar.

Volvemos a su caja de los recuerdos, físicamente hablando. Saco un sobre que contiene fotos de cuando era joven, también una libretita o cuadernito de baile de cuando iba a las fiestas de la academia militar. Estaba llena de peticiones.

—¡Qué éxito, mamá! —Pero no me responde porque se ha dormido.

El cuadernito me traslada a una *gafieira* en Río de Janeiro, ubicada en un segundo piso de un edificio muy destartalado del centro de la ciudad. Tocaban las bandas en directo y allí únicamente se iba a bailar. Cualquiera te podía sacar. Era el placer de bailar por bailar, eso sí, metiendo pierna.

14

Atraco al tren de Glasgow

Ronnie Biggs, el del histórico asalto al tren de Glasgow, se fugó de la cárcel y, tras un periplo por medio mundo, acabó dando con sus huesos en Río. Allí hacía caja con los turistas británicos que querían saber de su hazaña y le visitaban en su casa del bohemio barrio de Santa Teresa.

Tuvo un hijo en Brasil que se convirtió en estrella televisiva del programa infantil *Balao Mágico*.

No le interesa mucho la historia de Ronnie Biggs, sino la de nuestro Lute, el que tuvo a la Guardia Civil persiguiéndole por media España tras fugarse varias veces de la cárcel.

Sin lugar a dudas, le parece más interesante la vida de Eleuterio Sánchez Rodríguez, alias el Lute, nacido en 1942 en una chabola del barrio de Pizarrales (Salamanca). Fue condenado a la pena capital, conmutada más tarde a cadena perpetua, tras el atraco a una joyería en el que resultó muerto un vigilante.

Además, apunta, estudió la carrera de Derecho.

15

La última página

A mi madre le da pavor el trance de la muerte; se aferra a la vida con todas sus fuerzas, pero no le disgusta hablar de cómo quiere que sea su esquela.

Se acuerda de la risa con la tata María. La buena señora se había comprado una batita de buen paño, con florecillas estampadas, para el día de su entierro. La adquirió con tanta antelación que el día de autos con los kilos de más y el rigor mortis, no hubo manera de vestirla. Se optó por tirársela por encima del cuerpo, con las manos entrelazadas a modo de cinturón. La lloraron, claro que sí, y se rieron durante la mortaja, también.

La última página de la vida de mi madre está resultando difícil. Las palabras aún por escribir saldrán torcidas, muy torcidas, pero poco podremos hacer para corregirlas.

Nada que ver con el abuelo. Sentado en una silla de enea en el jardín de su casa, pidió un cigarro Chesterfield. Aspiró el humo, cerró los ojos y no volvió a abrirlos.

Y se imprimieron muy espantosas cuando su consuegro murió de infinita pena. Durante la Guerra Civil, de madrugada, se escuchaban los disparos de las ejecuciones que tenían lugar junto al cementerio. No lo pudo soportar.

Toca encender la tele; no se pierde el programa *Pasapalabra* por nada del mundo. Siempre le coge manía a uno de los dos concursantes y le revienta que gane.

16

—¿Pero cómo puedes coger manía a alguien que no conoces? —le pregunto, y entonces se ríe.

Para cenar, se mete entre pecho y espalda un chocolate con churros. Luego tendrá pesadillas.

17

Un cadáver en la playa

Hoy se ha levantado de buen ánimo, pero se enfada con «Alexa» porque no le responde cuando le pide el parte meteorológico. Quiere bajar a la playa a ver el mar: «Por si me muero mañana», bromea. Llamamos a un taxi adaptado para su silla de ruedas.

Es otoño; cogemos manta y una botella de vino, con un par de copas para alegrarnos el día. Todo un acierto.

Enlazando recuerdos, personales y no tanto, y por esa afición mía a los sucesos —dicen mucho de la vida y la condición humana—, me viene a la cabeza un asesinato muy ligado a la playa en la que estamos.

El bueno de Hermenegildo Álvarez Barredo, alias Xilo, fue brutalmente asesinado a la edad de setenta y cuatro años. Su único vicio conocido era cuidar de sus vacas y acudir a misa.

Su cadáver apareció mutilado dentro de un saco en esta misma playa en la que hoy estamos.

18

Según las crónicas de la época (año 1913), se barajaron varios sospechosos, entre ellos su yerno, un periodista y tres gitanos.

Fue una conmoción. El suceso todavía lo recuerdan por estas tierras.

De vuelta a casa, le pide a Alexa que le ponga *Luna de miel* de Gloria Lasso.

Luego va contando por ahí, a quien le quiera escuchar, que eso de ir a la boda transida de amor es un invento, una ñoñería; que no sintió nada de esas bobadas y

presume de que, unas horas antes de la cere-
monia matrimonial, se estaba tomando con
mi padre y sus hermanos unos «culines» de
sidra en un chigre cercano a la iglesia donde
se tenía que casar.

19

El andador

Tras la jubilación, mis padres abandonaron Madrid y se instalaron en el pueblo donde él pasó su niñez durante la Guerra Civil.

Pienso en todos los que vivieron o perdieron su infancia en esta contienda fratricida. Una generación olvidada que no tuvo ni espacio ni tiempo, y sí mucho pudor, para manifestar los sentimientos. Muchos hijos, mucho trabajo y una única meta: salir adelante y dar estudios a la prole.

—El segundo año es peor —me comenta tras quedarse viuda.

Coge el andador para salir de casa, andador al que se resistió con todas sus fuerzas por pura coquetería. Hoy se ha convertido en una prolongación más de su cuerpo.

Ha superado una primera fractura de cadera y no perdona las salidas diarias a la plaza para tomar el aperitivo con sus amigas, siempre con sus pendientes y su moñete, con su alegría de vivir, sus helados al sol como un lagarto. Sin duda, es la reina de la fiesta.

Qué lejos estamos de imaginar lo que nos queda, esos meses finales en los que le hablamos abiertamente de la posibilidad de la eutanasia. A pesar del sufrimiento, no entra en sus planes; a cambio, llama al notario, una chica joven que acaba de aprobar las oposiciones.

20

Se divierte con mi madre: «Primer punto: bajo ningún concepto, pase lo que pase, quiero ir al hospital». ¡Pues ya está todo dicho! Quiere morir en su cama, como mi padre, como su madre, como su abuela... y así será.

No encuentro el libro de *Memorias de Adriano* (Marguerite Yourcenar) que a mí tanto me emociona, así que opto por leerle en voz alta *Una historia de amor y oscuridad* de Amos Oz.

«Nací y crecí en un piso muy pequeño, de techos bajos y unos treinta metros cuadrados; mis padres dormían en un sofá cama que ocupaba su habitación casi de pared a pared cuando lo abrían por las noches». «Pues igual que en España», y ese es todo el comentario que le provoca el texto.

—Alexa, quiero oír a Cafrune.

Está claro que se acabó la lectura y que le aburre. Me entrego al *gin-tonic*, y lo peor, he vuelto a fumar.

21

Lo que no te esperas

Aquel señor cincuentón tenía *charme*; era elegante y distinguido en sus modales, siempre atento y cariñoso con los jóvenes que llegábamos en busca de no sabíamos qué, pero allí estábamos.

A veces nos invitaba a comer a su casa, repleta de libros y obras de arte, muebles y vajillas de ensueño. Una fantasía.

Se adelantaba a nuestras aflicciones con guante de seda. Nos escuchaba atentamente y sonreía amablemente.

Cuando enfermó de cáncer, no quiso que nadie le visitara, que fuera testigo de su decadencia. Tampoco dejó que su única hermana volara desde España para acompañarle en sus últimas horas.

Siempre quiero pensar que no es cierto lo que tiempo después me contaron.

Nuestro personaje se acercaba de tarde en tarde a la salida de los colegios de los barrios mulatos más desfavorecidos en busca de sexo.

Una cena y algo de dinero a cambio de forzar una adolescencia recién estrenada y destruir el diario de los sueños para siempre. Me pongo enferma al escribirlo.

22

Son infancias robadas y me persigue la imagen de aquellos niños que, en invierno, dormían en la calle encima de las rejillas del metro para aprovechar el calor que salía del túnel. Unos encima de otros, a modo de pirámide desordenada y huérfana.

De día, comían las sobras que los turistas dejaban en sus platos en aquellas enormes terrazas del paseo marítimo.

23

Un cerdito unicornio

Nadie logra explicarse cómo ha llegado al jardín ese bebé de cerdito con un pequeño montículo en la cabeza, a modo de unicornio.

Mamá ya casi no se puede mover y le cuesta hablar, pero quiere bajar a ver al gochoncito que se pasea feliz bajo el castaño de Indias, rebusca entre las raíces del cedro libanés y se tumba a la sombra de la camelia. Sus pequeños ronquidos nos transportan a otros días más luminosos, más queridos.

De pequeños teníamos unos patitos que tirábamos desde el primer piso para ver si volaban, aterrizaban con vida y por el camino se hacían sus necesidades ¡Pobrecitos!

Más tarde, murieron uno tras otro y los enterramos en este mismo jardín en el que también escondíamos «tesoros» para nuestros hijos. Hoy el cerdito unicornio los sigue buscando porque nunca se sabe qué tesoros se pueden encontrar en esta vida.

No sé por qué el cerdito me transporta a un picadero de caballos lleno de moscas, con unos jamelgos maltratados que te arrojaban de la montura nada más subirte. El rey del establo era un burro que tomaba siempre la misma dirección para estrellarte contra el único muro levantado en aquella finca.

24

Recuerdo una pequeña isla alejada de la civilización, donde una señora de armas tomar criaba búfalas. Eran gigantescas y permitía subirse a ellas con ayuda de unas escaleras.

Luego nos obsequiaba con un vaso de leche, una leche con la que se elabora la mozzarella, más densa y dulce que la de vaca.

Pero hoy solo nos queda el bebé cerdito, al que alimentamos con biberón y se ha convertido en la atracción de los niños del pueblo. Todos los días suena el timbre y asoman una, dos o tres caritas, siempre con los ojos brillantes y la misma pregunta: «¿Podemos pasar a ver al gochoncito?»

Y como llegó, se fue. El cerdito unicornio ha desaparecido y mi madre se muere. Apenas habla y las pocas palabras que pronuncia son ininteligibles.

Para ella y para quienes la rodeamos es una desesperación, un sufrimiento. Nos damos atracones de televisión: fútbol y montañas de telenovelas turcas. Se entretiene a ratos, cada vez menos. Nada es y será lo mismo.

25

Huevos fritos con chorizo

Hoy ha amanecido desorientada, confunde el día y la noche, quiere cenar huevos fritos con chorizo a las diez de la mañana. Sin problema, marchando un desayuno que bien podría ser cena de huevos fritos con chorizo.

No llega, ni por asomo, al delirio de su tatarabuela, que se creyó Dulcinea y recitaba *El Quijote* de memoria, enamorada de su caballero andante.

Hago las maletas para viajar por la Riviera Turca, le prometo que cuando vuelva le contaré todo sobre mi viaje. Por toda respuesta, y con cierta sorna, se pone a recitar a José de Espronceda: «Con diez cañones por banda, viento en popa a toda vela... Asia a un lado, al otro Europa, y allá a su frente Estambul».

Pero no habrá ocasión. Días antes del viaje fallece. Somos y nos sentimos huérfanos. ¿Cómo es posible sentir tanta orfandad con más de sesenta años? Pues es posible.

No puedo dormir; hay algo raro en el ambiente y ahí está mi madre con sus pendientes y su moñete.

—Cuéntame algo —me anima sonriente, y empiezo con la historia de aquel repartidor de supermercado con cara de pajillero que dejó embarazadas a dos vecinas del barrio casi al mismo tiempo y se dio a la fuga.

26

—Pues no te lo vas a creer —prosigo—, resulta que ahora anda buscando pareja para que le acompañe en su enferma y deforme vejez.

Me quedo sola hablando. Mi madre se ha esfumado. Hasta siempre, mamá.

Posdata: un ojo de cristal

A Pedro le faltaba un ojo; lo perdió en la aldea jugando con los amigos a ser hombres primitivos que cazaban mamuts con la punta de unos palos afilados. Para celebrar las piezas cobradas, enrollaban cigarrillos con las hojas de los eucaliptos.

Cuando ocurrió la desgracia, sus padres lo llevaron al mejor oftalmólogo de la ciudad, pero la única solución era un ojo de cristal.

Los primeros años, soñaba que solo oía por un oído, que olía por una fosa nasal, que hablaba con silbidos por media boca, que respiraba por medio pulmón, que sentía y bombeaba con medio corazón, que movía un solo brazo, una sola mano, una sola pierna y un solo pie, que era solo media persona en un cuerpo entero.

Pedro conquistó mis días con sus noches.

De camino al altar mi padre me preguntó ¿Estás segura de que te quieres casar con un tuerto ? y amplificó su voz «¡ ES PARA TODA LA VIDA!»

Se hizo carpintero y, en sus ratos libres, creaba con madera todo tipo de objetos y verdaderas obras de arte: cubistas, abstractas, hiperrealistas. A veces las pintaba de muchos colores, como la colección de ojos de cristal de repuesto que guardaba cuidadosamente en aquella cajita, también de madera.

Azul claro, azul oscuro, azul verdoso, verde claro, verde castaño... y así, hasta llegar al negro más profundo. Todos esos colores de ojos tenía y, según la ocasión, escogía uno u otro.

Solo lamentaba que, al llorar, las lágrimas cayeran asimétricas por un solo ojo: el que no era de cristal, el de color avellana.

Tal era su devoción por los colores que, cuando nacieron nuestros hijos, los bautizamos como Pedro Azul, María Verde , Ignacio Castaño y a la pequeña la llamamos Rosaura Azabache. Cuando eran pequeños y nos miraban con sus asombros de avellana, nos parecía que sus iris eran una mezcla de azul, verde, castaño y azabache.

Hoy me pinto los labios de rojo carmín y tengo una colección de pelucas de infinitos colores, como los ojos de cristal de Pedro. Me las planto en la cabeza según lo pida el momento.